школа - ښوونخی	2
падарожжа - سفر	5
транспарт - ترانسپورت	8
горад - ښار	10
краявід - منظره	14
рэстаран - ریسټورانت	17
супермаркет - لوی پلورنځی	20
напоі - څښاک	22
ежа - خواړه	23
сядзіба - کرونده	27
дом - کور	31
жылы пакой - د اوسیدو خونه	33
кухня - پخلنځی	35
ванная - حمام	38
дзіцячы пакой - د ماشوم خونه	42
адзенне - پوښاک	44
офіс - دفتر	49
эканоміка - اقتصاد	51
прафесіі - مسلکونه	53
інструменты - لوازم	56
музычныя інструменты - د میوزیک آلات	57
заапарк - ژوبڼ	59
спорт - ورزش	62
дзейнасць - فعالیتونه	63
сям'я - کورنی	67
цела - بدن	68
шпіталь - روغتون	72
экстраная дапамога - عاجل	76
Зямля - ځمکه	77
гадзіннік - ساعت	79
тыдзень - اونۍ	80
год - کال	81
формы - شکلونه	83
колеры - رنگونه	84
супрацьлегласці - متضاد	85
лічбы - شمیري	88
мовы - ژبي	90
хто / што / як - څوک/څه/څنگه	91
дзе - چیري	92

Impressum
Verlag: BABADADA GmbH, Nedderfeld 112 , 22529 Hamburg
Geschäftsführer / Verlagsleitung: Harald Hof
Druck: Books on Demand GmbH, In de Tarpen 42, 22848 Norderstedt

Imprint
Publisher: BABADADA GmbH, Nedderfeld 112 , 22529 Hamburg, Germany
Managing Director / Publishing direction: Harald Hof
Print: Books on Demand GmbH, In de Tarpen 42, 22848 Norderstedt, Germany

школа

ښوونځی

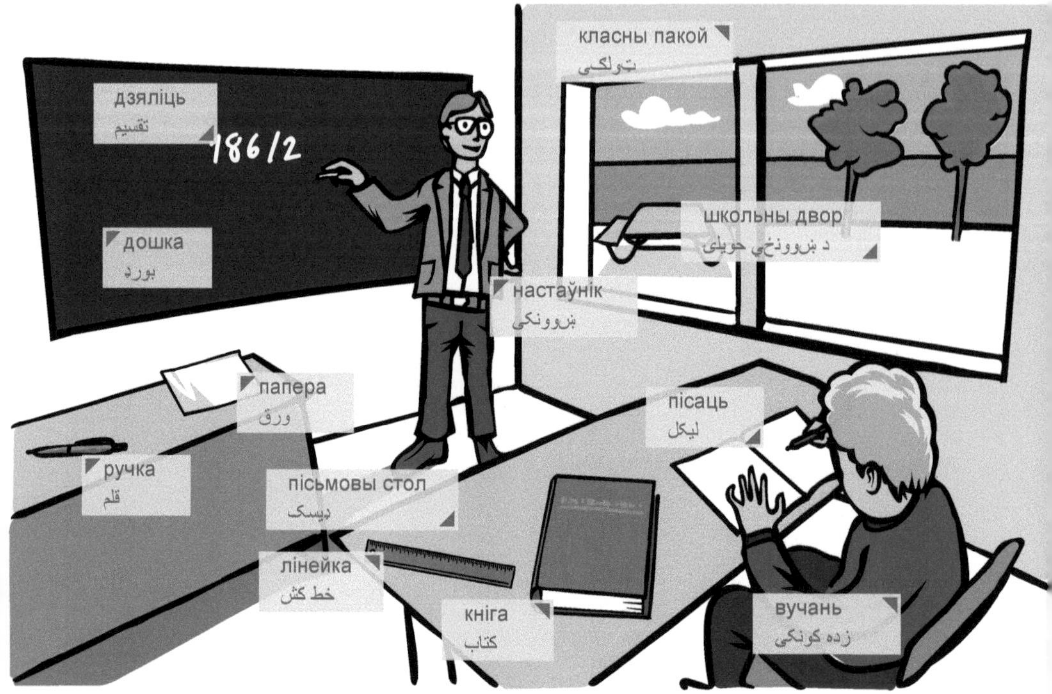

класны пакой
ټولګی
дзяліць
تقسیم
186/2
дошка
بورډ
школьны двор
د ښوونځي حویلۍ
настаўнік
ښوونکی
папера
ورق
пісаць
لیکل
ручка
قلم
пісьмовы стол
ډیسک
лінейка
خط کش
кніга
کتاب
вучань
زده کونکی

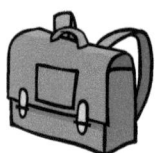

ранец

کڅوړه

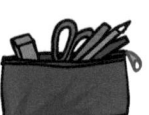

пенал

د پنسل بکسه

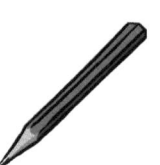

просты аловак

پنسل

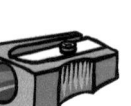

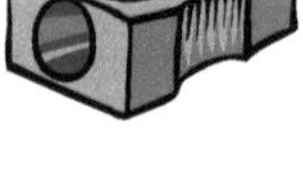

тачылка для алоўкаў

پنسل تراش

гумка

ربړ

альбом для малявання

د رسامۍ پاڼه

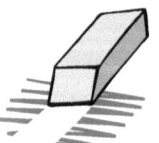

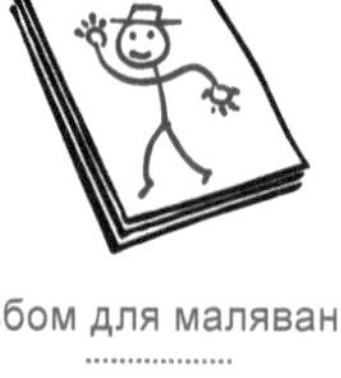

малюнак

رسامي

пэндзлік

د نقاشی برس

фарбы

د نقاشی بکس

нажніцы

قيچي

клей

سريش

сшытак

د تمرين کتاب

хатняе заданне

کورنی دنده

12

лік

شمير

2+2

дадаваць

جمع

5-2

адымаць

منفي

2×2

множыць

ضرب

лічыць

حساب

A

літара

توری

ABCDEFG
HIJKLMN
OPQRSTU
VWXYZ

алфавіт

الفبا

hello

слова

کلمه

тэкст

متن

чытаць

لوستل

крэйда

تباشير

ўрок

درس

класны журнал

راجستر

экзамен

ازموينه

атэстат

تصديق پانه

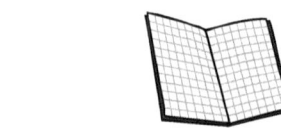

школьная форма

د ښوونځي يونيفارم

адукацыя

تعليم

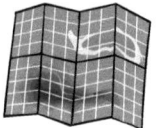

энцыклапедыя

دايره المعارف

універсітэт

پوهنتون

мікраскоп

مايکروسکوپ

карта

نقشه

смеццевы кошык

اشغالداني

гатэль
هوټل

Grand

хостэл
لیلیه

ROOMS

абменны пункт
د اسعارو د تبادلي دفتر

EXCHANGE

чамадан
بکس

аўтамабіль
موټر

мова
....
ژبه

так / не
....
هو/نه

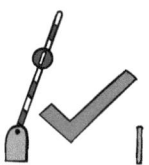

добра
....
سمه ده

прывітанне!
....
سلام

перакладчык
....
ژباړونکی

дзякуй
....
مننه

Колькі каштуе....?

څومره دي ...؟

я не разумею

زه نه پوهيږم

праблема

ستونزه

Добры вечар!

ماښام مو پخير!

Добрай раніцы!

سهار په خير!

Дабранач!

شپه په خير!

да пабачэння

په مخه مو ښه

кірунак

لارښود

багаж

سامان

сумка

بيگ

заплечнік

شاتنی بکس

госць

ميلمه

пакой

خونه

спальны мяшок

د خوب کڅوړه

палатка

خيمه

падарожжа - سفر

інфармацыя для турыстаў

د توريزم معلومات

пляж

ساحل

крэдытная картка

كريډيټ کارت

снеданне

ناری

абед

د غرمي ډوډۍ

вячэра

د شپۍ ډوډۍ

праязны білет

ټيکټ

ліфт

لفټ

паштовая марка

مهر

мяжа

پوله

мытня

ګمرک

паштовая

пасольства

سفارت

віза

ويزه

пашпарт

پاسپورت

транспарт

ټرانسپورټ

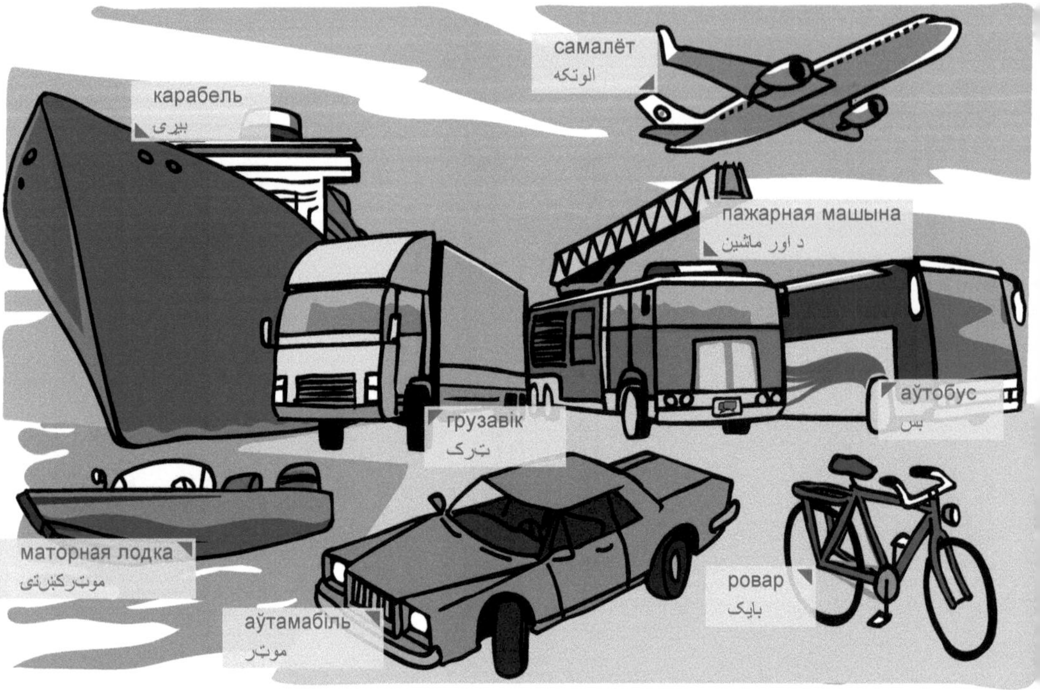
самалёт
الوتکه
карабель
بېړۍ
пажарная машына
د اور ماشین
грузавік
ټرک
аўтобус
بس
маторная лодка
موټرکښتۍ
ровар
بایک
аўтамабіль
موټر

паром

کښتۍ

лодка

کښتۍ

матацыкл

موټرسایکل

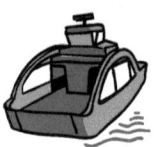

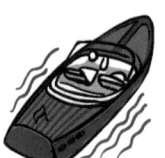

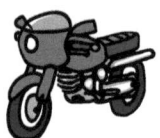

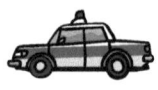

паліцэйская машына

د پولیسو موټر

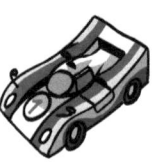

гоначны аўтамабіль

د ریس موټر

арэндаваны аўтамабіль

کرایي موټر

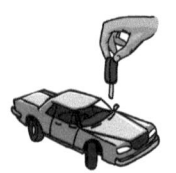

сумеснае карыстанне
аўтамабілем
....
د کرایه موټری

эвакуатар
....
جرثقيل لرونکی ټرک

смеццявоз
....
ريفيوز ټرک

матор
....
موټر

паліва
....
سونګ ټوګي

запраўка
....
پټرول سټيشن

дарожны знак
....
ترافيکي نښه

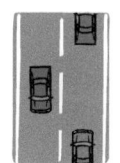

дарожны рух
....
ترافيک

затор
....
جام ترافيک

паркоўка
....
د موټرو تمځای

чыгуначная станцыя
....
د ريل سټيشن

рэйкі
....
پاټکي

цягнік
....
ريل

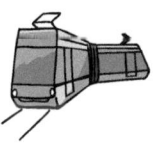

трамвай
....
ټرام

вагон
....
واګون

верталёт

چورلکه

аэрапорт

هوايي ډگر

вежа

برج

пасажыр

مسافر

кантэйнер

کانټينر

кардонная скрыня

کارتون

тачка

کارت

карзіна

ټوکری

ўзлятаць / прызямляцца

الوتنه کول/ډکنينناستل

вёска

کلی

цэнтр горада

د بښار مرکز

дом

کور

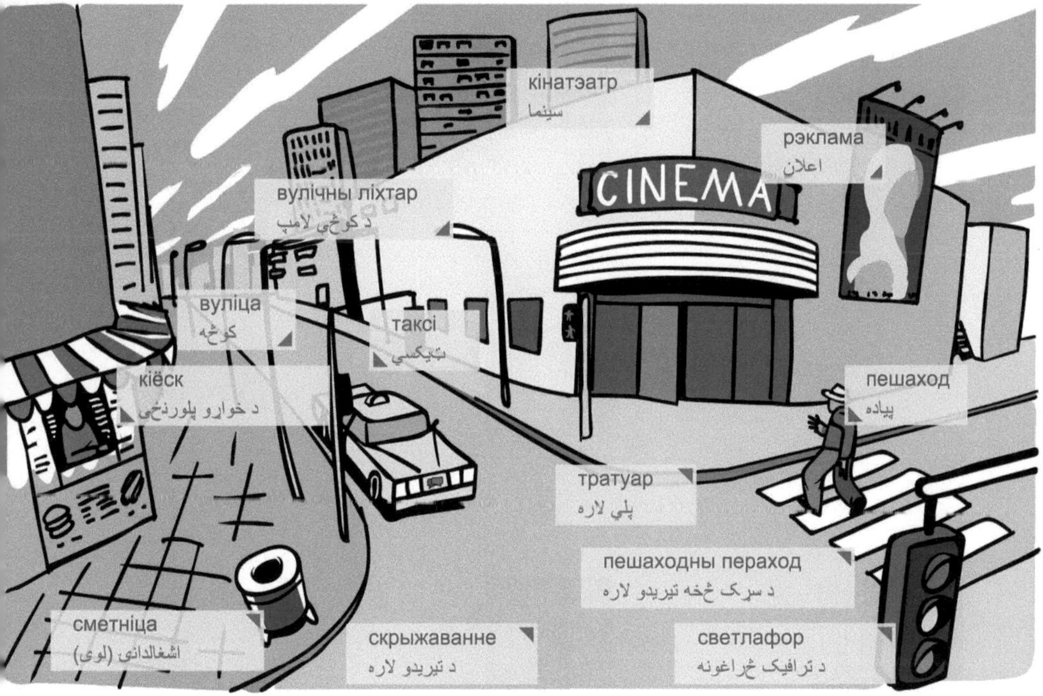

кінатэатр
سینما

рэклама
اعلان

вулічны ліхтар
د کوڅی لامپ

CINEMA

вуліца
کوڅه

таксі
ټیکسی

пешаход
پیاده

кіёск
د خوراړو پلورنځی

тратуар
پلی لاره

пешаходны пераход
د سرک څخه تیریدو لاره

сметніца
اشغالدانی (لوی)

скрыжаванне
د تیریدو لاره

светлафор
د ترافیک څراغونه

халупа
کوډله

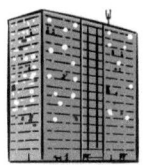

кватэра
اپارتمان

чыгуначная станцыя
د ریل سټیشن

ратуша
ټاون هال

музей
میوزیم

школа
ښوونځی

універсітэт

پوهنتون

банк

بانک

шпіталь

روغتون

гатэль

هوټل

аптэка

درملتون

офіс

دفتر

кнігарня

کتاب پلورنځی

крама

پلورنځی

кветкавая крама

د گلانو پلورنځی

супермаркет

لوی پلورنځی

кірмаш

مارکیټ

універмаг

د ډیپارټمنټ سټور

рыбная крама

کب پلورنځی

гандлевы цэнтр

د پلور مرکز

порт

لنگرتون

парк

پارک

лава

بینچ

мост

پل

лесвіца

زینه

метро

د ځمکې لاندې

тунэль

تونل

прыпынак

بس تمځای

бар

بار

рэстаран

ریسټورانټ

паштовая скрыня

پوست بکس

вулічны паказальнік

د کوڅي نښه

паркамат

د پارک کولو میټر

заапарк

ژوبڼ

басейн

د لامبو حوض

мячэць

مسجد

сядзіба

كرونده

забруджванне
навакольнага асяроддзя

ناپاكي

могілкі

هديره

царква

چرچ

пляцоўка для гульні

د لوبو ډگر

храм

معبد/كليسا

краявід

منظره

ліст

پاڼه

паказальнік

د لارښوونی نښه

дарога

لاره

луг

چمن

камень

كاڼی

дрэва

ونه

падарожнік

هيكر

рака

سيند

трава

واښه

кветка

ګل

даліна

دره

гара

غوندی

возера

ناور

лес

خُنگل

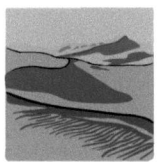

пустыня

دشته

вулкан

اورشیدی

замак

کلا

вясёлка

رنگین کمان

грыб

مرخیري

пальма

پلم ونه

камар

ماشي

муха

الوتل

мурашка

میږی

пчала

مچۍ

павук

غوندۍ/جولا

жук

كونكت

жаба

چونگبزه

вавёрка

تولى

вожык

زيبركى

заяц

سوى

сава

كونگ

птушка

مرغى

лебедзь

قازه

дзік

نرخوگ

алень

هوسى

лось

گاوزه

плаціна

بند

вятрак

بادي توربين

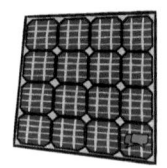

сонечная батарэя

سولر تختى

клімат

اقليم

рэстаран

ریسټورانټ

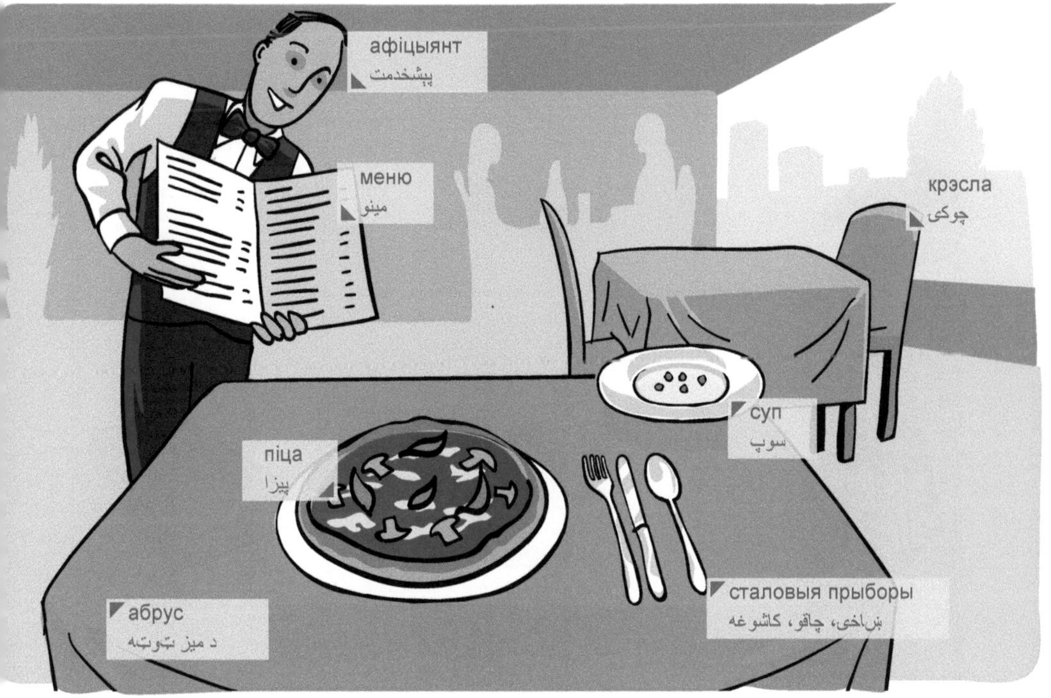
афіцыянт
پیشخدمت
меню
مینو
крэсла
چوکۍ
суп
سوپ
піца
پیزا
сталовыя прыборы
ښاخۍ، چاقو، کاشوغه
абрус
د میز ټوټه

закуска

ستارټر

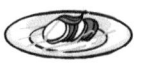

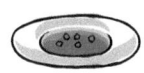

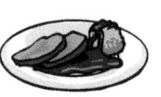

другая страва

اصلي خواړه

дэсерт

شیریني

напоі

څښاک

ежа

خواړه

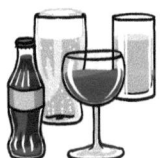

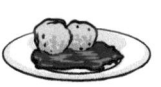

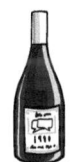

бутэлька

بوتل

хуткае харчаванне (фаст-фуд)

فاسټ فوډ

стрыт-фуд

د کوڅي خواره

імбрык (чайнік)

چای جوش

цукарніца

قندانی

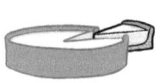

порцыя

برخه

эспрэса-машына

اسپرسو مشين

дзіцячае крэселка

لوړه چوکی

рахунак

رسيد

паднос

مجمه

нож

چاکو

відэлец

پنجه

лыжка

قاشق

чайная лыжка

چای قاشق

сурвэтка

سورويت

шклянка

ګلاس

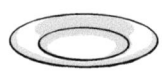

талерка

....

پلیټ

супавая талерка

....

د سوپ پلیټ

сподак

....

نالبکی

соус

....

ساس

сальніца

....

مالګه شیندونکی،

млынок для перцу

....

د مرچ ټکولو لوخی

воцат

....

سرکه

алей

....

غوري

спецыі

....

مساله

кетчуп

....

کچ اپ

гарчыца

....

شرشم

маянэз

....

چکه

супермаркет

لوی پلورنځی

акцыя
ځانګړی وړاندیز
FOR
пакупнік
پیرودونکی
малочныя прадукты
لبنیات
садавіна
میوه
вазок
لاسي ګړخ

BUTCHERS

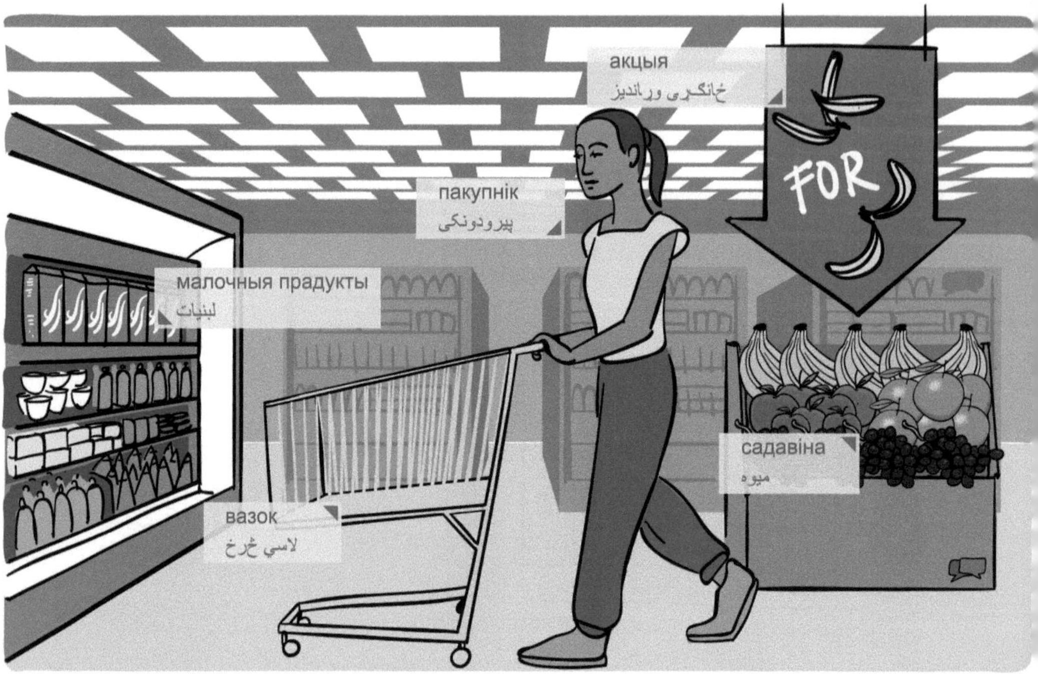

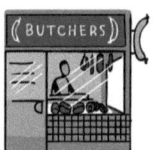

мясная крама

قصابي

BAKERY

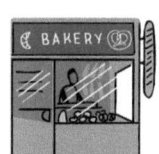

хлебны магазін

نانوایی

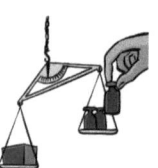

важыць

وزن کول

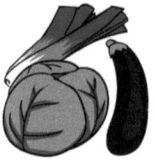

гароднiна

سبزیجات

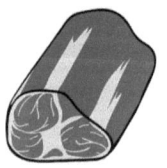

мяса

غوښه

свежазамарожаныя прадукты

کنګل خواړه

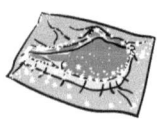

нарэзка

يخه غوښه

кансервы

كنسروا خواړه

пральны парашок

د مينځلو پودر

прысмакі

شيرينى

хатнія прылады

كورنى توليدات

чысцячы сродак

د پاكولو محصولات

прадавец

د پلور فرد

каса

د نغدي راجستر

касір

صراف

спіс пакупак

د پيرود ليست

гадзіны працы

كاري ساعتونه

бумажнік

بټوه

крэдытная картка

كريډيټ كارت

сумка

كڅوړه

пакет

پلاستيك كڅوړه

вада

اوبه

сок

جوس

малако

شيده

кола

كوك

віно

واين

піва

بير

алкаголь

الكول

какава

ككاو

гарбата (чай)

چاى

кава

كافي

эспрэса

اسپرسو

капучына

كپچينو

банан

كيله

яблык

من'ه

апельсін

نارنج

дыня

هندوانه

лімон

ليمو

морква

گازره

часнок

هوږه

бамбук

بانکس

цыбуля

پياز

грыб

مرخيږي

арэхl

چغزى

локшына

آش

спагеці

سپیګټي

рыс

وریجي

салата

سلاد

бульба фры

چپس

смажаная бульба

سره کري کچالو

піца

پیزا

гамбургер

همبرګر

бутэрброд

سانډویچ

шніцаль

کتره

вяндліна

د پتون غوښه

салямі

سلمي

каўбаса

ساسج

курыца

چرګ

смажаніна

روسټ

рыбак

کب

аўсяныя камякі

د وربشي ټيرنۍ

мюслі

موسلي

кукурузныя шматкі

د جوار پلی

мука

اوړه

круасан

گروسانت

булачка

د ډوډۍ رول

хлеб

ډوډۍ

тост

ټوسټ

пячэнне

بسکیت

масла

کوچ

тварог

چکه

пірог

کیک

яйка

هګۍ

яечня

پیشي هګۍ

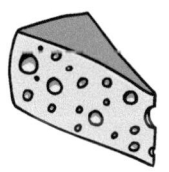

сыр

پنیر

ежа - خوارہ

марожанае

آيس كريم

цукар

بوره

мёд

شهد

варэнне

مربا

нуга

نوگات كريم

кары

كوركمان

хата
د کروندي خونه

хлеў
غوجل

цюк саломы
د بوسو گېډۍ

поле
څمکه

конь
اس

прычэп
لاس ګاډی

жарабя
کوچنی اس

трактар
ټريکټر

асёл
خر

ягня
ورۍ

авечка
پسه

каза
....
وزه

карова
....
غوا

цяля
....
خوسکی

свіння
....
خوګ

парася
....
د خوګ بچی

бык
....
غوبی

гусак

بته

качка

هيلۍ

кураня

چرگورۍ

курыца

چرگه

певень

بانگي

пацук

سارای موږک

кот

پيشک

мыш

موږک

вол

غوايي

сабака

سپی

сабачая будка

د سپي خونه

садовы шланг

د باغ هوز

палівачка

د اوبو لوخی

каса

لور (داس)

плуг

يوی

серп

لور

матыка

رمبی

вілы для гною

بشاخى

сякера

تبر

тачка

کراچی

карыта

ناوه

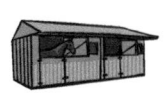

бітон для малака

د شيدو لوخى

мех

جوال

плот

کتباره

хлеў

مضبوط

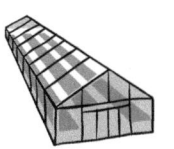

цяпліца

شنه خونه

глеба

خاوره

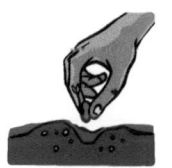

насенне

تخم

угнаенне

سر ه/کود

камбайн

گـد ريبونکى ماشين

збіраць ураджай

زيرمه کول

ураджай

درمند

ямс

خوارہ کچالو

пшаніца

غنم

соя

سويا

бульба

کچالو

кукуруза

جوار

рапс

نباتي تخم

садовае дрэва

د ميوي ونه

маніёк

مانيوک

збожжа

غله

комін
درشه

дах
بام

вадасцёк
ناودان

акно
کرکۍ

гараж
ګاراج

званок
د دروازې زنګ

дзверы
دروازه

вядро для смецця
اشغالدانی

паштовая скрыня
د لیک بکس

сад
باغ

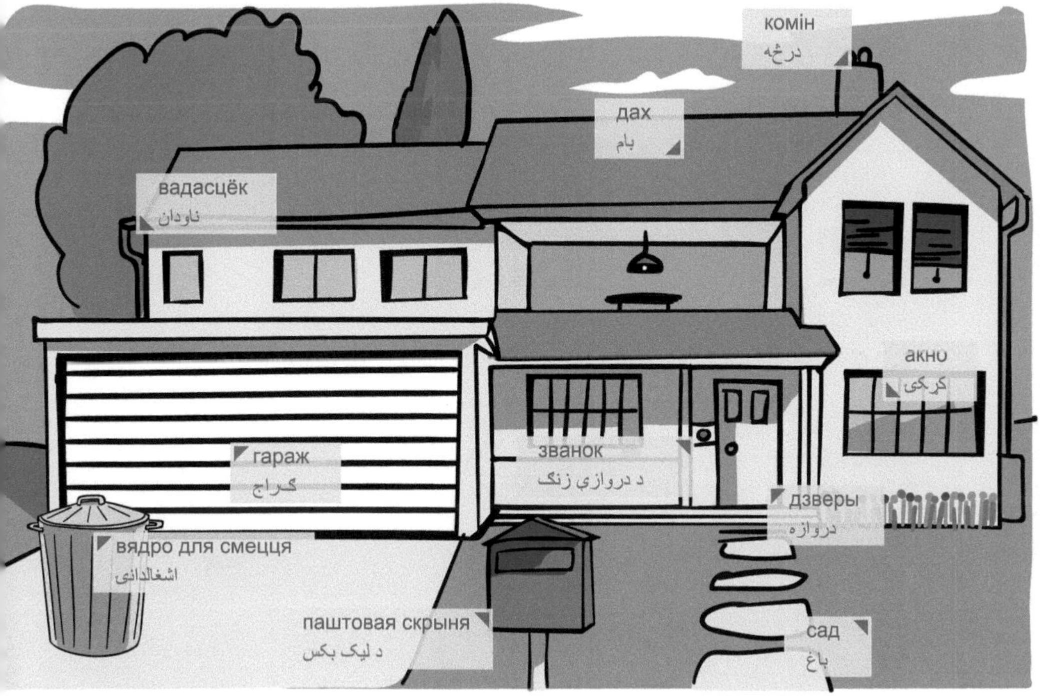

жылы пакой

د اوسیدو خونه

ванная

حمام

кухня

پخلنځی

спальны пакой

د ویده کیدو خونه

дзіцячы пакой

د ماشوم خونه

сталоўка

د خوارو خونه

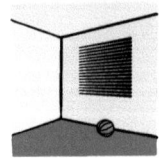

падлога

فرش

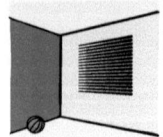

сцяна

ديوال

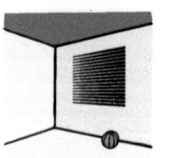

столь

چت

падвал

زيرخانه

саўна

سونا

балкон

بالكوني

тэраса

تراس

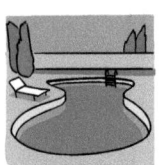

басейн

حوض

касілка

د چمن وهلو ماشين

падкоўдранік

شيت

коўдра

روجايى

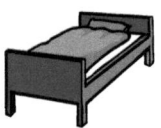

ложак

تخت

венік

جارو

вядро

بوكه

выключальнік

سويچ

жылы пакой

د اوسیدو خونه

шпалеры
والپیپر
малюнак
عکس
лямпа
لامپ
паліца
شیلف
шафа
الماری
тэлевізар
تلویزیون
камін
نغري
кветка
ګل
падушка
بالښت
канапа
صوفه
ваза
ګلدانی
пульт
ریموټ کنټرول

дыван

غالۍ

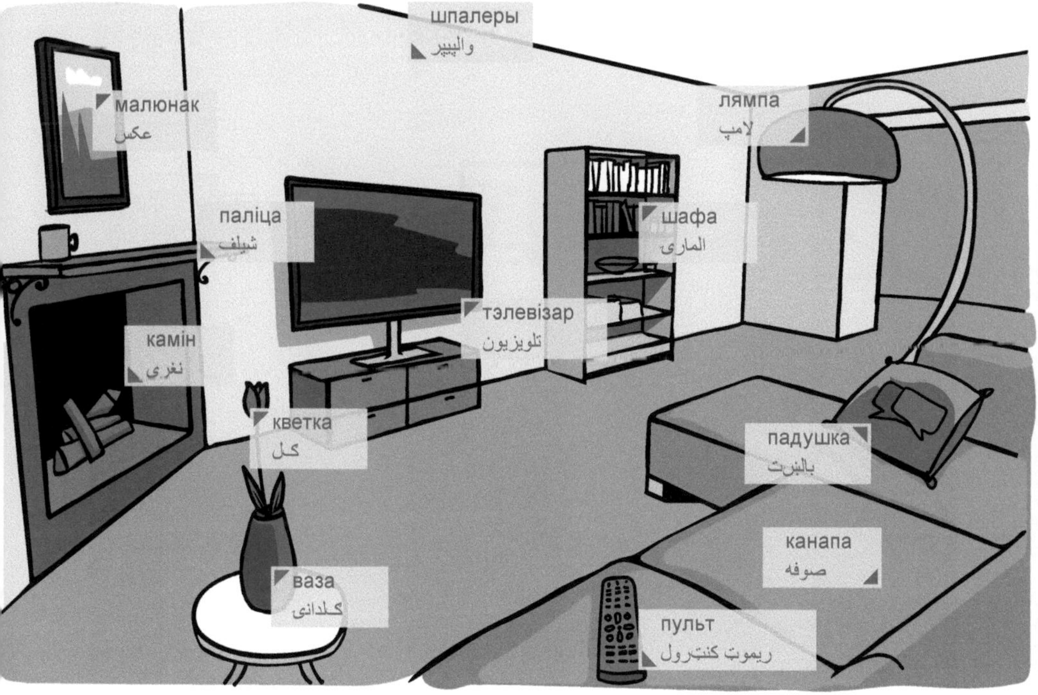

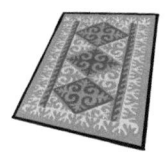

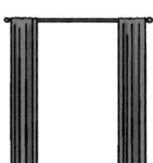

фіранка

پرده

стол

میز

крэсла

چوکۍ

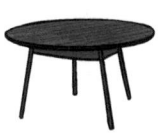

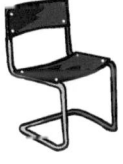

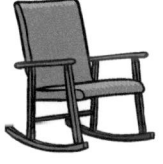

крэсла-качалка

تاویدونکې چوکۍ

крэсла

بازو لرونکې چوکۍ

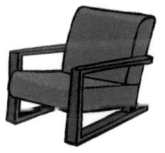

кніга

كتاب

коўдра

كمپل

дэкарацыя

ديكوريشن

дровы

د اور لرګي

кіно

فلم

стэрэасістэма

هايفاى

ключ

كلي

газета

ورځپانه

карціна

نقاشي

постар

پوسټر

радыё

راډيو

нататнік

كتابچه

пыласос

واكيوم جارو

кактус

كاكتوس

свечка

شمع

кухня
پخلنځی

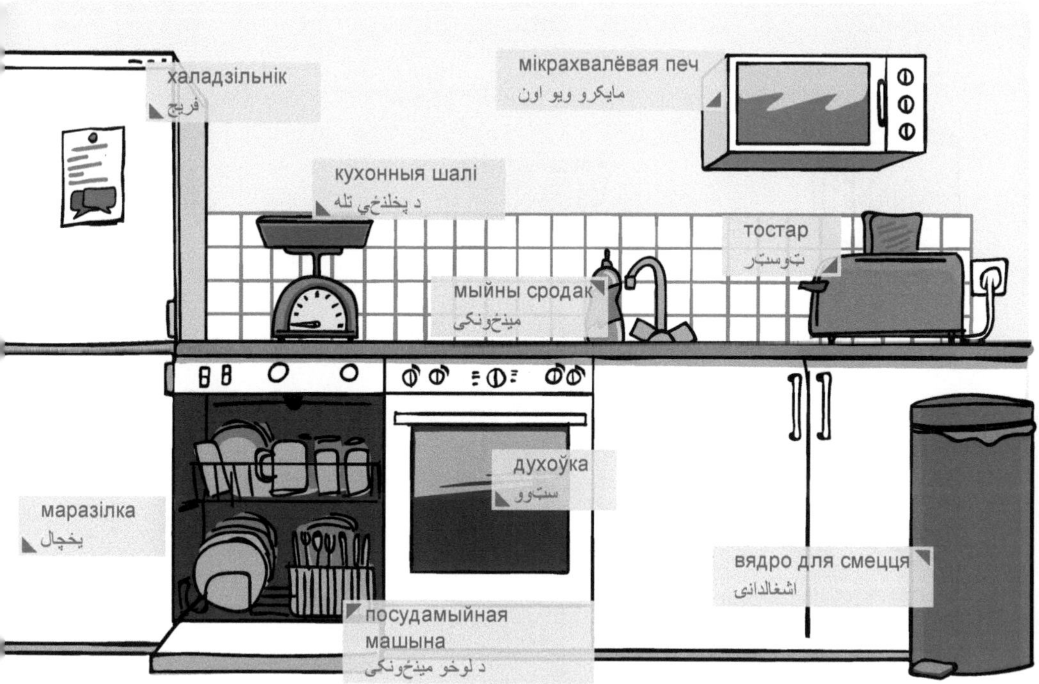

халадзільнік
فریج
мікрахвалёвая печ
مایکرو ویو اون
кухонныя шалі
د پخلنځي تله
тостар
ټوسټر
мыйны сродак
مینځونکی
духоўка
سټوو
маразілка
یخچال
вядро для смецця
اشغالدانی
посудамыйная
машына
د لوخو مینځونکی

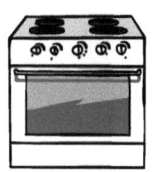

пліта
دیګ بخار

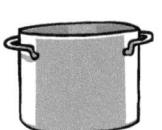

рондаль
لوخی

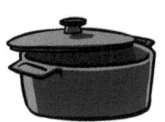

чыгунок
چدني لوخی

Вок / кадаі
ووک

патэльня
د تلې په

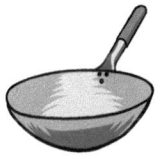

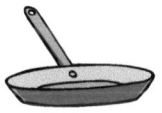

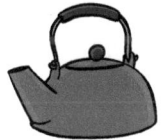

чайнік
چای جوش

параварка

د بخار ديگ

бляха

پتنوس

посуд

لوخي

кубак

مگ

міска

كاسه

палачкі для ежы

د رانيولو اوزار

чарпак

څمڅۍ

лапатачка

كفگير

збівалка

پاكونكى

сіта для варэння

صافي

сіта

غلبيل

тарка

كريټر

ступка

اونگ

грыль

بار بي كيو

вогнішча

خلاص اور

дошка

تخته

качалка

هوارونکی

штопар

کارک سکریو

бляшанка

تېم

адкрывалка

د ټېم خلاصولکی

прыхваткі

د لوخي نټوپته

ракавіна

ظرف شوی

шчотка

برس

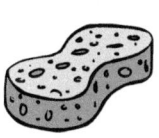

губка

سپنج

міксер

بلینډر

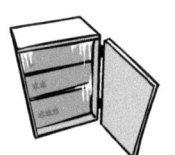

маразільная камера

ژور يخچال

бутэлечка

د ماشوم بوتل

вадаправодны кран

نل

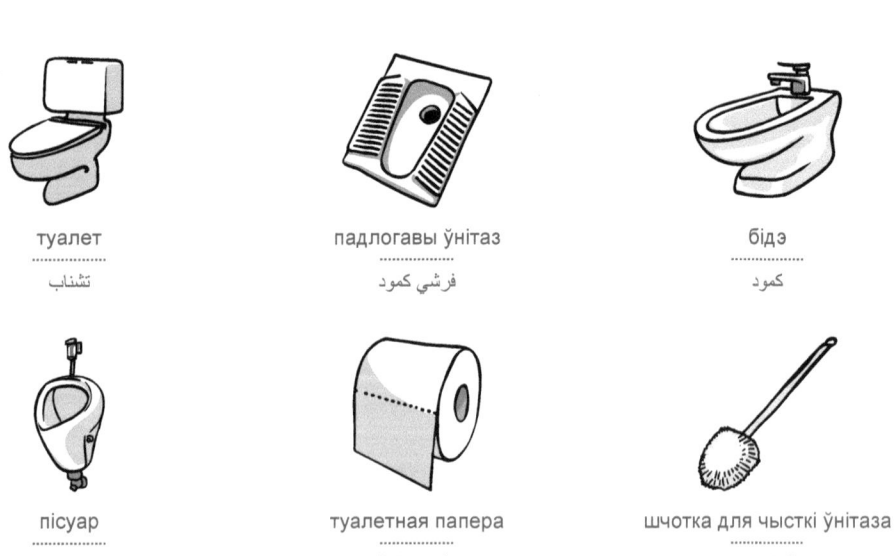

ванная

حمام

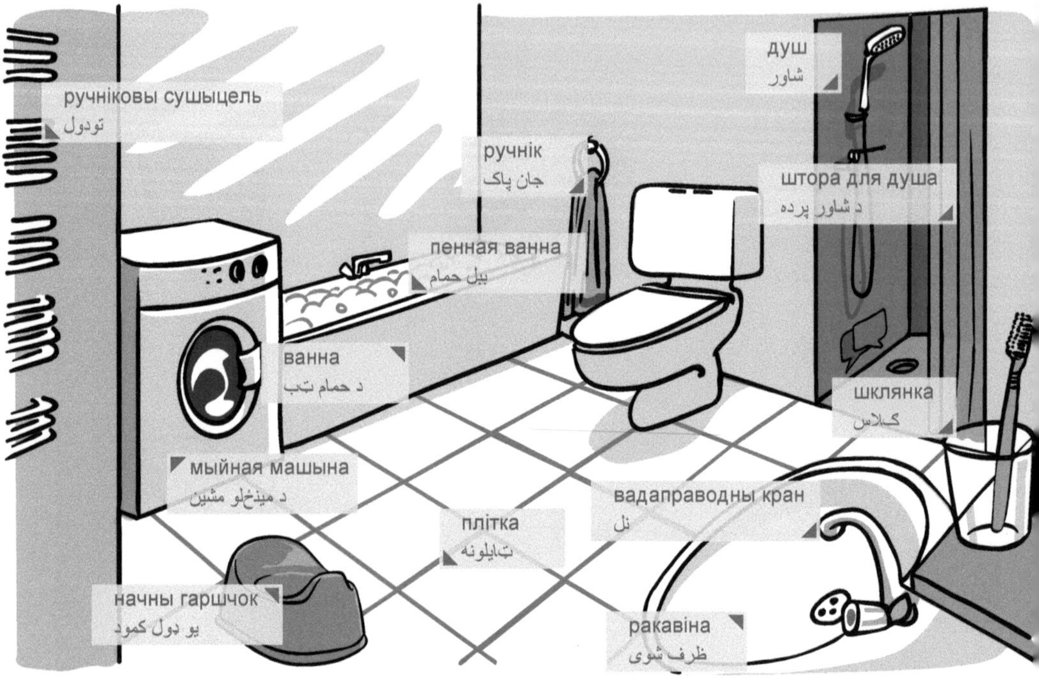

ручніковы сушыцель
تودول
ручнік
جان پاک
пенная ванна
بيل حمام
ванна
د حمام ټب
мыйная машына
د مينځلو مشين
плітка
ټايلونه
начны гаршчок
يو ډول كمود
душ
شاور
штора для душа
د شاور پرده
шклянка
ګلاس
вадаправодны кран
نل
ракавіна
ظرف شوی

туалет

تشناب

падлогавы ўнітаз

فرشي كمود

бідэ

كمود

пісуар

د متيازو ځای

туалетная папера

تشناب كاغذ

шчотка для чысткі ўнітаза

د تشناب برس

зубная шчотка

....

د غاښونو برس

зубная паста

....

د غاښونو کریم

зубная нітка

....

د غاښونو نخ

мыць

....

مینځل

ручны душ

....

لاسي شاور

інтымны душ

....

دوش

умывальнік

....

خانک

шчотка для спіны

....

د شا برس

мыла

....

صابون

гель для душа

....

د شاور ژل

шампунь

....

شامپو

вяхотка

....

فلانل جامه

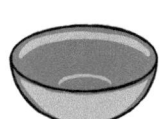

вадасцёк

....

وچول

крэм

....

کریم

дэзадарант

....

سپری

люстэрка

آينه

касметычнае люстэрка

لاسي آينه

станок для галення

ريزر

пена для галення

د خريلو فوم

ласьён пасля галення

د خريلو وروسته

грэбень

گمنڅ

шчотка

برس

фен

د ويښتانو وچونكی

лак для валасоў

د ويښتانو سپری

касметыка

میک اپ

памада

لیپ ستیک

лак для пазногцяў

د نوكانو پالښ

вата

كاټن ورى

манікюрныя нажніцы

ناخن گیر

духі

عطر

касметычка

....

د مينخلو كؤوره

табурэтка

....

ستول

вагі

....

د وزن كولو تله

лазневы халат

....

د حمام پوښاك

санітарныя пальчаткі

....

د ربر دستكش

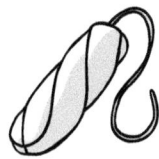

тампон

....

تامپون

гігіенічныя пракладкі

....

صحيى جان پاك

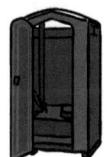

біятуалет

....

كيميكل تشناب

дзіцячы пакой

د ماشوم خونه

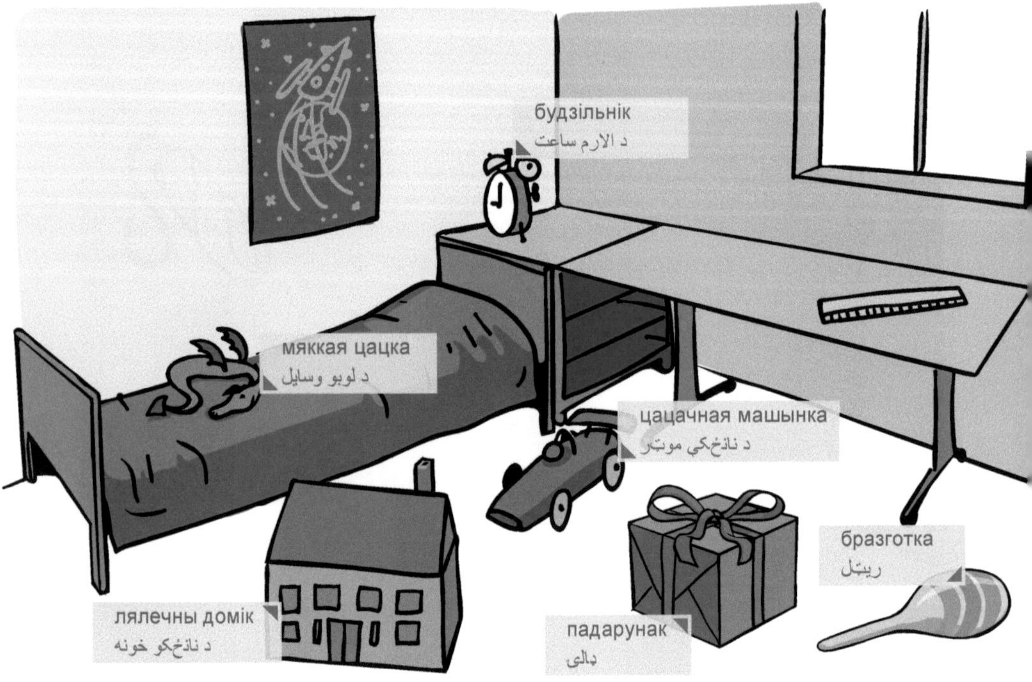
будзільнік
د الارم ساعت
мяккая цацка
د لوبو وسايل
цацачная машынка
د ناڅکي موټر
бразготка
ريټل
лялечны домік
د ناڅکو خونه
падарунак
ډالۍ

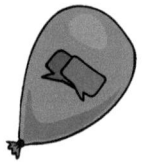

надзіманы шарык

....

بالون

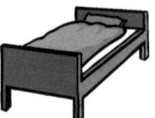

ложак

....

تخت

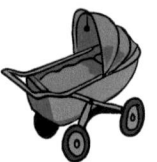

дзіцячая каляска

....

کالسکه

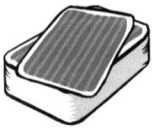

калода картаў

....

د لوبو ورقي

пазл

....

جيګسا

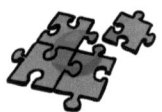

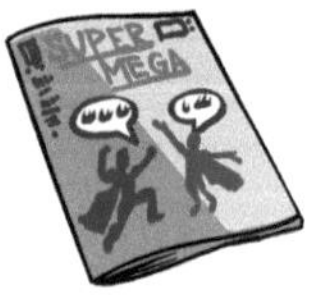

комікс

....

مسخره

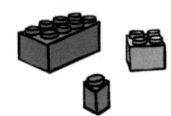

канструктар "Лега"

ليګـو بريک

канструктар

د نادخکو بلاک

экшэн-фігурка

د اکشن فيګور

дзіцячы гарнітур

د ماشوم پوښاک

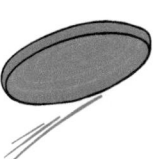

фрызбі

فريزبي

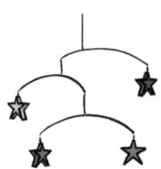

дзіцячы мабіль

موبايل

настольная гульня

بورډ لوبه

кубік

تاس

дзіцячая чыгунка

ماډل ريل سيټ

пустышка

ګونګشی

дзіцячае свята

پارتي

кніга з малюнкамі

د عکسونو البوم

мячык

بال

лялька

نادخکه

гуляцца

لوبيدل

пясочніца

د شګو کنده

арэлі

سوينګ

цацкі

ناندخكي

гульнявая відэа прыстаўка

د ويډيو لوبو کنسول

трохколавы ровар

تنرای سايکل

плюшавы мішка

ګوډکه

шафа

د كالو المارى

адзенне

پوښاک

шкарпэткі

جرابي

панчохі

لوړي جرابي

калготкі

تتـايتـس

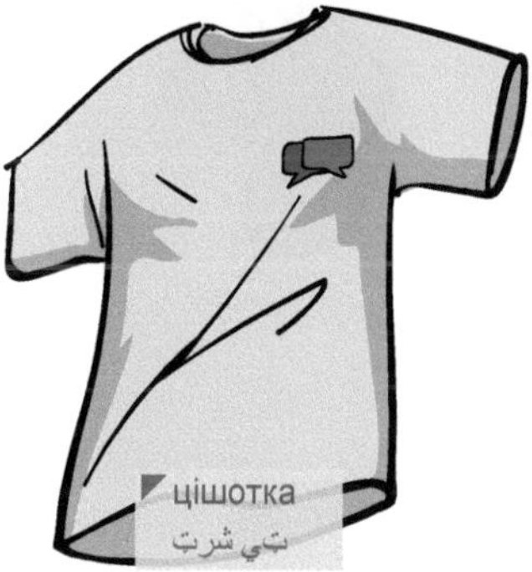

шалік
زروکی

парасон
چتری

рамень
کمربند

цішотка
ټي شرت

красоўкі
سنيکر

боты
بوټان

пантоплі
سلیپر

сандалі
سينډل

абутак
بوټان

гумовыя боты
د ربر بوټان

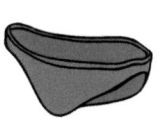

трусы
زيرنيکري

бюстгальтар
سينه بند

майка
واسکټ

бодзі

بادي

штаны

پتلون

джынсы

جينز

спадніца

لمن

блузка

بلاوز

кашуля

شرت

джэмпер

بنيان

талстоўка

سويتر

блэйзер

بليزر

куртка

جاكت

паліто

كوت

дажджавік

د باران كوت

касцюм

پوښاک

сукенка

كالي

вясельная сукенка

د واده پوښاک

касцюм

دريشي

начная сарочка

د شپۍ پوښاک

піжама

پاجامه

сары

ساري

хустка

لوپته

цюрбан

پټکی

паранджа

برقه

каптан

كفتن

Абая

عبا

купальнік

د لامبو پوښاک

плаўкі

نیکر

шорты

شارت

спартыўны касцюм

د خُغاستی پوښاک

фартух

پیش بند

пальчаткі

دستكش

гузік

بتن

акуляры

عینک

бранзалет

لاس بند

каралі

غاړه کی

кальцо

ګوتمه

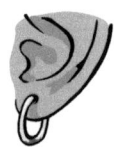

завушніца

غوږوالی

кепка

خولی

вешалка

کوټ بند

капялюш

خولی

гальштук

نیایی

маланка

څنځیر

шлем

هيلميت

падцяжкі

ترونکی

школьная форма

د ښوونځي يونيفارم

уніформа

يونيفارم

нагруднік

بيب

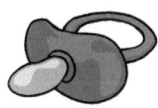

пустышка

گونگشی

падгузнік

نيپی

офіс

دفتر

сервер
سرور

канцылярская шафа
د دوسيه المارى

прынтэр
پرينټر

манітор
مانيټور

папера
ورق

пісьмовы стол
ديسک

мыш
ماوس

тэчка
فولدر

клавіятура
کی بورد

смеццевы кошык
اشغالدانی

кампутар
کمپيوټر

крэсла
چوکی

кубак для кавы (філіжанка)

د کافي پياله

калькулятар

کالکوليټر

інтэрнэт

انترنيټ

ноўтбук

لپ ٹاپ

ліст

لیک

паведамленне

پیغام

мабільны тэлефон

موبایل

сетка

نیٹورک

ксеракс

فوٹوکاپیر

праграмнае забеспячэнне

سافٹویر

тэлефон

ٹلیفون

разетка

پلگ ساکٹ

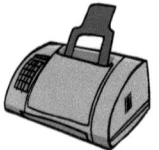

факс

فکس مشین

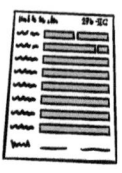

фармуляр

فارم

дакумент

سند

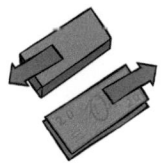

купляць

پيرل

плаціць

تاديه كول

гандляваць

سوداگري كول

грошы

پيسي

долар

ډالر

еўра

يورو

ена

ين

рубель

ربل

франк

سويسي فرانک

кітайскі юань

رينمينبي يوان

рупія

روپئ

банкамат

د نغدي پيسو خای

абменны пункт

د اسعارو د تبادلي دفتر

золата

سره زر

срэбра

سپين زر

нафта

تيل

энергія

انرژي

цана

نرخ

кантракт

قرارداد

падатак

ماليه

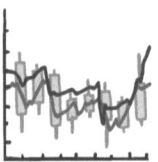

акцыя

اسهام

працаваць

کار کول

служачы

کارمند

працадаўца

کار ګومارونکی

фабрыка

فابريکه

крама

پلورنځی

прафесіі

مسلکونه

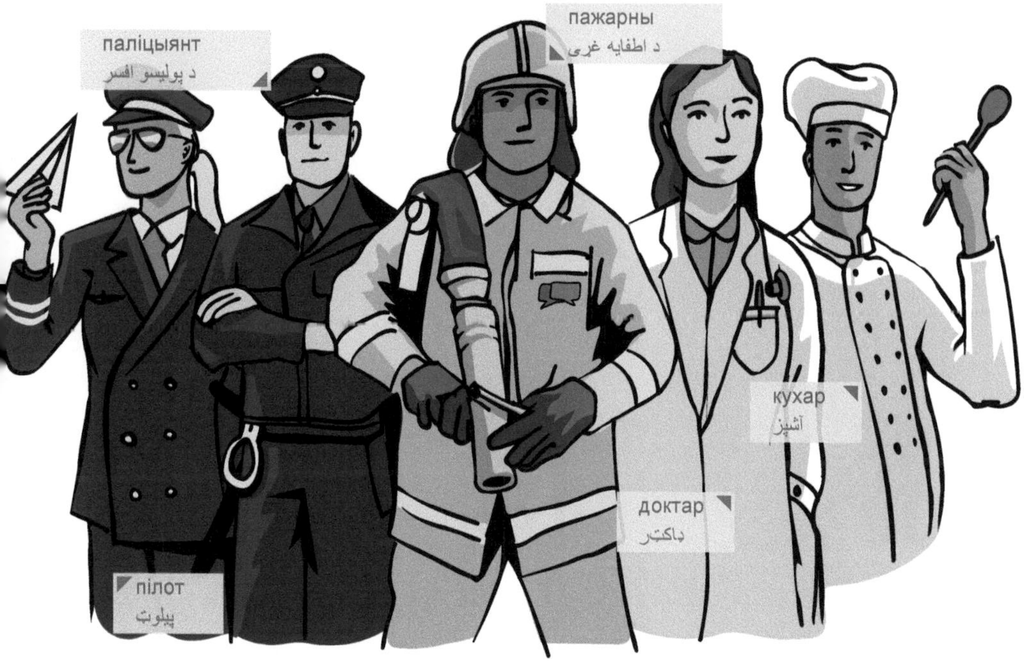
паліцыянт
د پولیسو افسر
пажарны
د اطفایه غړی
кухар
آشپز
доктар
ډاکټر
пілот
پیلوټ

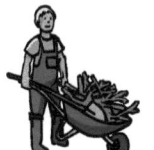

садоўнік

باغوان

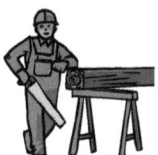

слесар

نجار

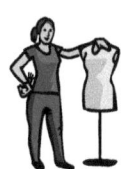

швачка

خیاط

суддзя

قاضي

хімік

کیمیا پوه

артыст

د فلم لوبغاړی

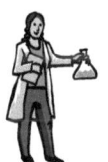

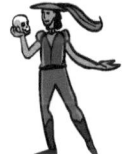

кіроўца аўтобуса

د بس درايور

таксіст

د ټيکسي درايور

рыбак

کب نيونکی

прыбіральшчыца

خدمه

страхар

بام جوړونکی

афіцыянт

پيشخدمت

паляўнічы

ښکاري

мастак

نقاش

пекар

نانوا

электрык

د بربښنا کارکونکی

будаўнік

تعمير جوړونکی

інжынер

انجنير

мяснік

قصاب

сантэхнік

نلدوان

паштальён

پوست رسونکی

салдат

سرتيرى

архітэктар

مهندس

касір

صراف

фларыст

ماليار

цырульнік

نايى

кандуктар

كليندر

механік

ميكانيک

капітан

كپتان

стаматолаг

د غاښرونو ډاكتر

вучоны

ساينس پوه

рабін

ښاغلى

імам

امام

манах

مذهبي نفر

святар

پادري

інструменты
لوازم

малаток
څټکی
пласкагубцы
پلاس
адвёртка
پیچکش
гаечны ключ
رینچ
ліхтарык
څراغ

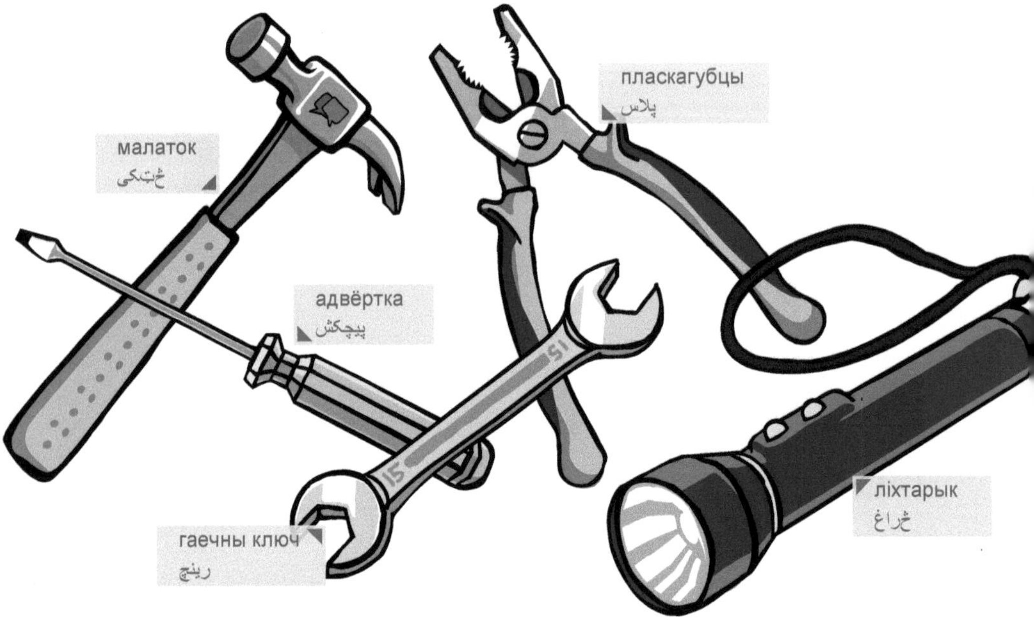

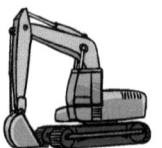

экскаватар

کنستونکی

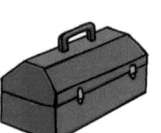

скрыня для інструментаў

د لوازمو بکس

дравіны

زینه

піла

اره

цвікі

میخونه

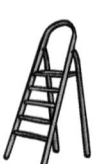

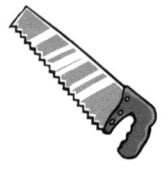

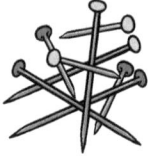

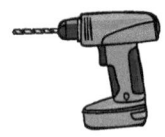

дрыль

برمه

рамантаваць

ترمیم کول

рыдлеўка

بیل

Халера!

لعنت!

шуфлік для смецця

خاک انداز

вядро з фарбаю

مشوانۍ

балты

پیچونه

музычныя інструменты

د ميوزيک آلات

ударны інструмент

ډرم سيټ

калонкі

لاوډ سپيکر

гітара

ګيتار

кантрабас

کنترباس

труба

ترومپيټ

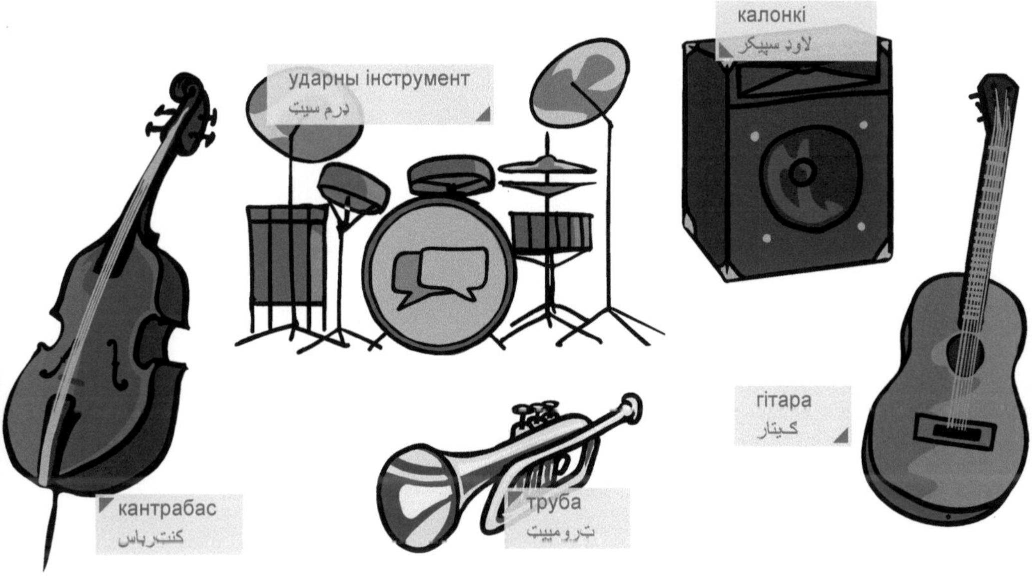

піяніна

پيانو

скрыпка

وايلن

басгітара

باس

літаўры

نغاره

барабан

درمونه

клавішны электрамузычны
інструмент

كي بورد

саксафон

سيكسافون

флейта

شپيلى

мікрафон

مايكروفون

заапарк

ژوبڼ

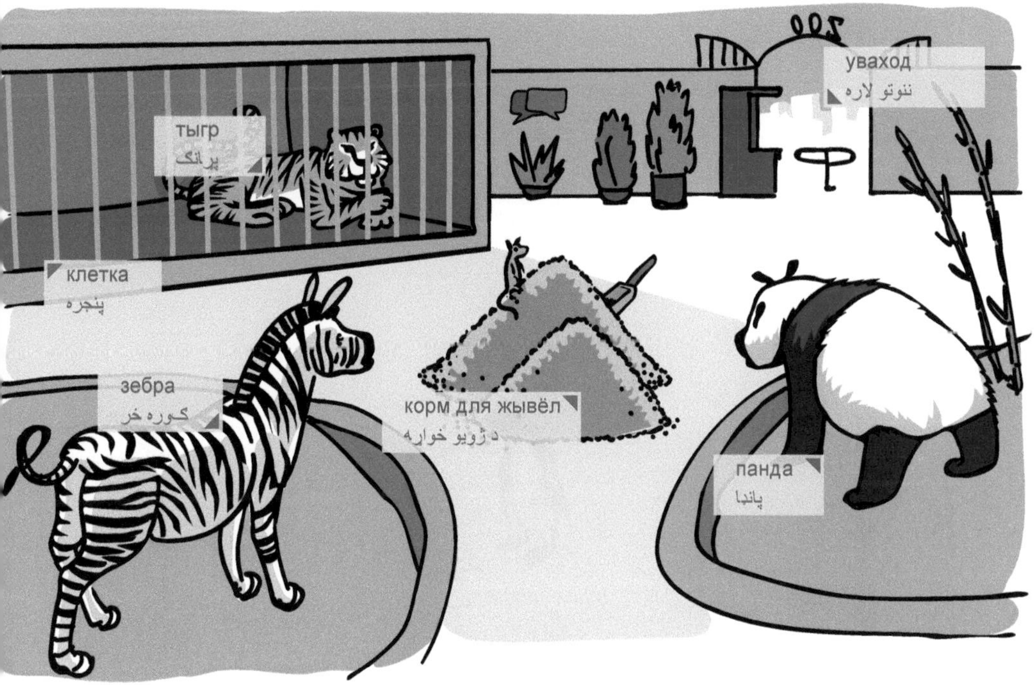
тыгр
پړانګ
клетка
پنجره
зебра
ګوره خر
корм для жывёл
د ژویو خواره
панда
پانډا
уваход
ننوتو لاره

жывёлы

ژوی

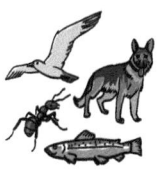

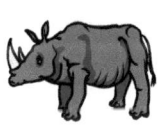

слон

هاتي

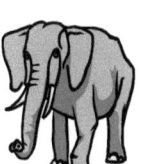

кенгуру

کنګرو

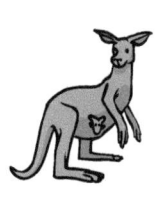

насарог

د اوبو اسپ

гарыла

ګوریلا

мядзведзь

ایږه

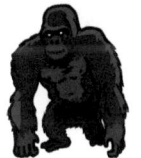

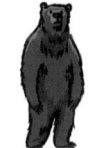

вярблюд

اوښ

стравус

شترمرغ

леў

زمری

малпа

بيزو

фламінга

غزی

папугай

طوطي

белы мядзведзь

قطبي ايره

пінгвін

پينګوين

акула

شارک

паўлін

طاوس

змяя

مار

кракадзіл

تمساح

наглядчык заапарка

ژوبن ساتونکی

цюлень

سيل

ягуар

جګوار

поні

يابو

леапард

پړانګ

бегемот

هيپو

жыраф

زرافه

арол

باز

дзік

نرخوګ

рыбак

کب

чарапаха

ﺷﻤﺸﺘﯽ

морж

سمندري نولی

ліса

ګيدړه

газель

هوسی

амерыканскі футбол
امریکایي فټبال

веласпорт
سایکل چلول

тэніс
ټینیس

баскетбол
باسکیټبال

плаванне
لامبو

бокс
باکسینګ

хакей з шайбай
د کنګل هاکي

футбол
فټبال

бадмінтон
کسیزه

лёгкая атлетыка
د خپغاستي لوبی

гандбол
د هندبال

горныя лыжы
سکي

пола
پولو

скакаць
توپ وهل

абдымаць
غاړه ورکول

смяяцца
خندل

ісці
کر خندل

спяваць
سندري ويل

марыць
خوب ليدل

маліцца
عبادت کول

цалаваць
مچو کول

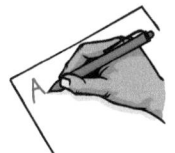

пісаць

ليکل

маляваць

کښل

паказваць

ښودل

націснуць

ټيله کول

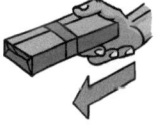

даваць

ورکول

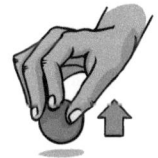

браць

اخيستل

маць

درلودل

выконваць

كول

быць

پاييدل

стаяць

ودريدل

бегчы

مندي وهل

цягнуць

راكبنل

кідаць

گوزارل

падаць

لويدل

ляжаць

جملاستل

чакаць

انتظار كول

насіць

ورل

сядзець

كبنيناستل

апранацца

پوښاک اغوستل

спаць

ويده كيدل

прачынацца

پاخيدل

глядзець

كتل

плакаць

ژرل

лашчыць

بريد كول

прычэсвацца

گسخ كول

гаварыць

خبري كول

разумець

پوهيدل

пытаць

غوښتل

чуць

اوريدل

піць

څښل

есці

خورل

прыбіраць

پاكول

кахаць

مينه كول

гатаваць

پخلى كول

ехаць

موټر چلول

лятаць

الوتل

плаваць пад ветразем

بېری چلول

лічыць

حساب

чытаць

لوستل

вучыць

زده کول

працаваць

کار کول

уступаць у шлюб

واده کول

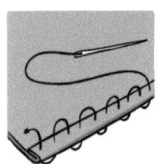

шыць

ګنډل

чысціць зубы

د غاښونو برس کول

забіваць

وژل

курыць

سګرت څکول

пасылаць

لېږل

сям'я

کورنۍ

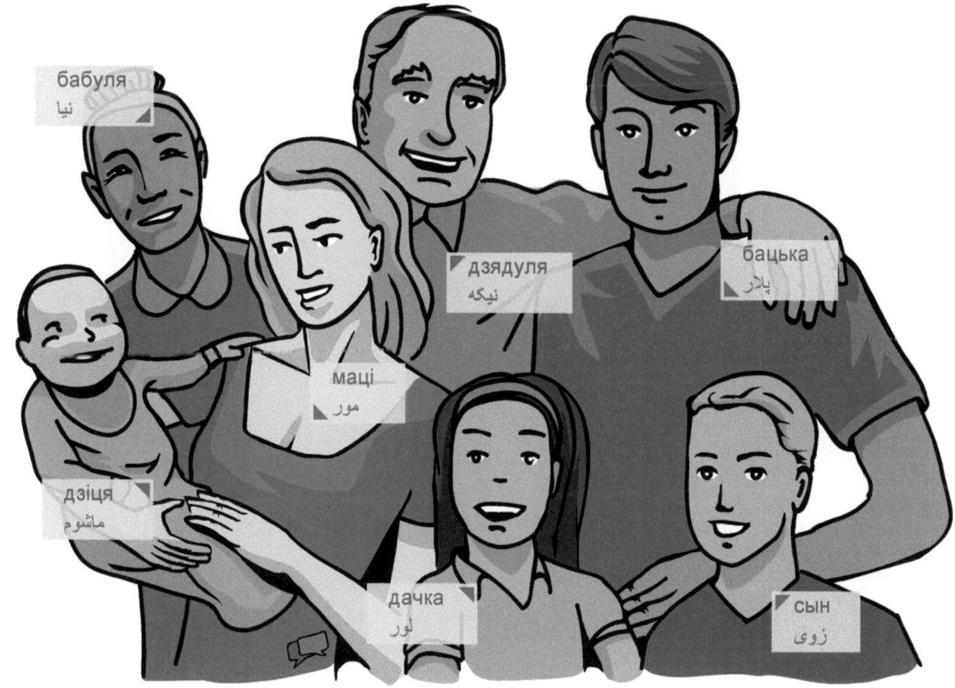
бабуля
نیا
дзядуля
نیکه
бацька
پلار
маці
مور
дзіця
ماشوم
дачка
لور
сын
زوی

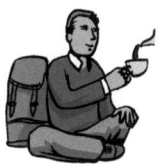

госць

میلمه

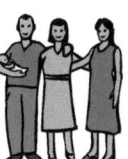

цётка

ترور

дзядзька

کاکا/ماما

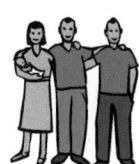

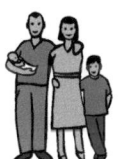

брат

ورور

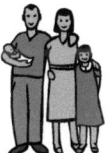

сястра

خور

лоб
تندى

вока
سترگې

плячо
اوږه

палец
ګوته

твар
مخ

падбародак
زنه

рука
لاس

грудзі
سينه

нага
پښه

рука
مټ

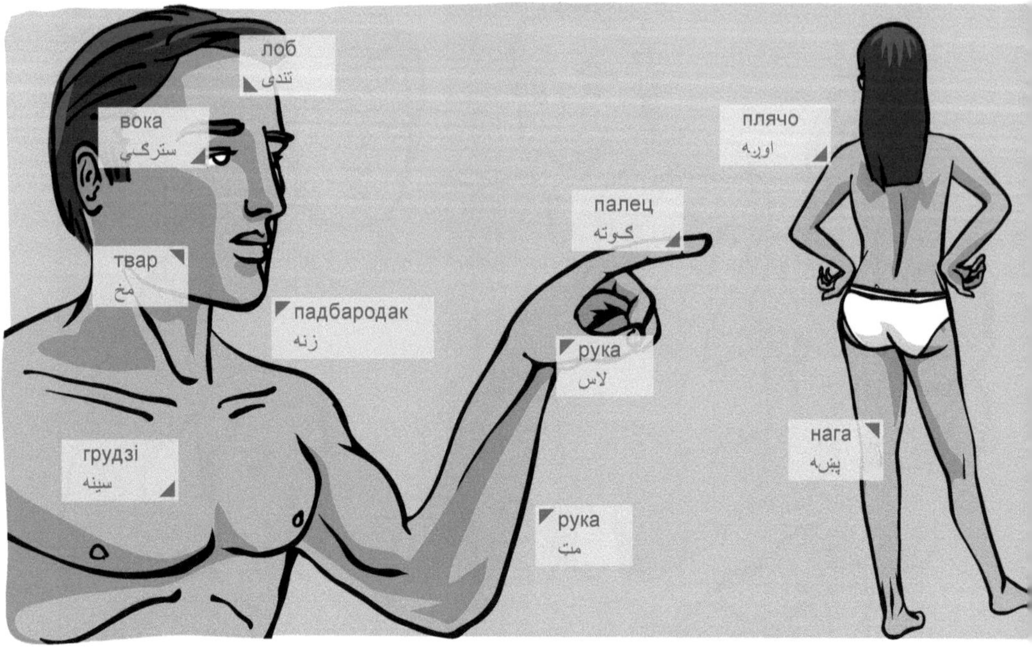

дзіця

ماشوم

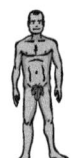

мужчына

سړی

ج
жанчына

ښځه

дзяўчынка

انجلی

хлопчык

هلک

галава

سر

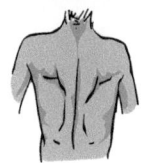

спіна

شا

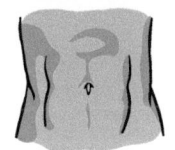

жывот

خیټه

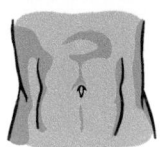

пуп

نوم

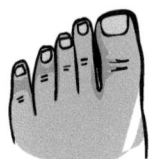

палец нагі

د پښې ګوته

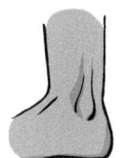

пятка

پونده

костка

هدوکی

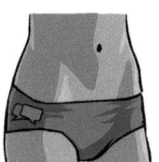

бядро

کوناتـٸ

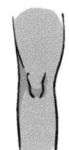

калена

زنګون

локаць

څنګل

нос

پوزه

ягадзіца

لاندي برخه

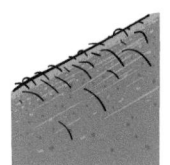

скура

پوټکی

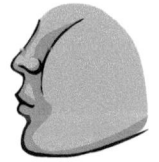

шчака

غومبوری

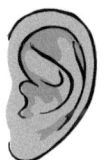

вуха

غوږ

губа

شونډه

рот

خوله

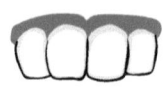

зуб

غاښ

язык

ژبه

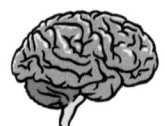

галаўны мозг

مغز

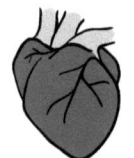

сэрца

زړه

мышца

عضله

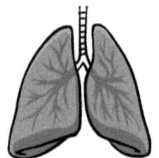

лёгкае

سږدى

пячонка

ځيګر

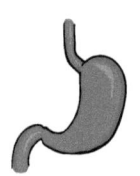

страўнік

معده

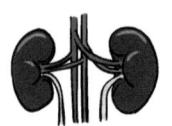

ныркі

پښتورګي

сэкс

جنسي نږدي والى

прэзерватыў

کاندوم

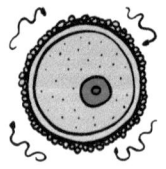

яйцаклетка

تخمه

сперма

منی

цяжарнасць

حمل

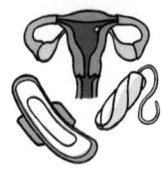

менструацыя
....
حيض

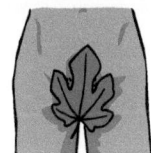

похва
....
مهبل

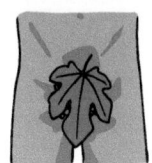

пеніс
....
د نارينه تناسلي آله

брыво
....
وروځی

валасы
....
ويښته

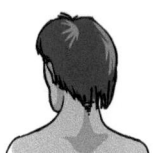

шыя
....
غاړه

цела - بدن

71

шпіталь
روغتون

шпіталь
روغتون
машына хуткай дапамогі
امبولانس
інваліднае крэсла
ويل چير
пералом
كسر

доктар

ډاکټر

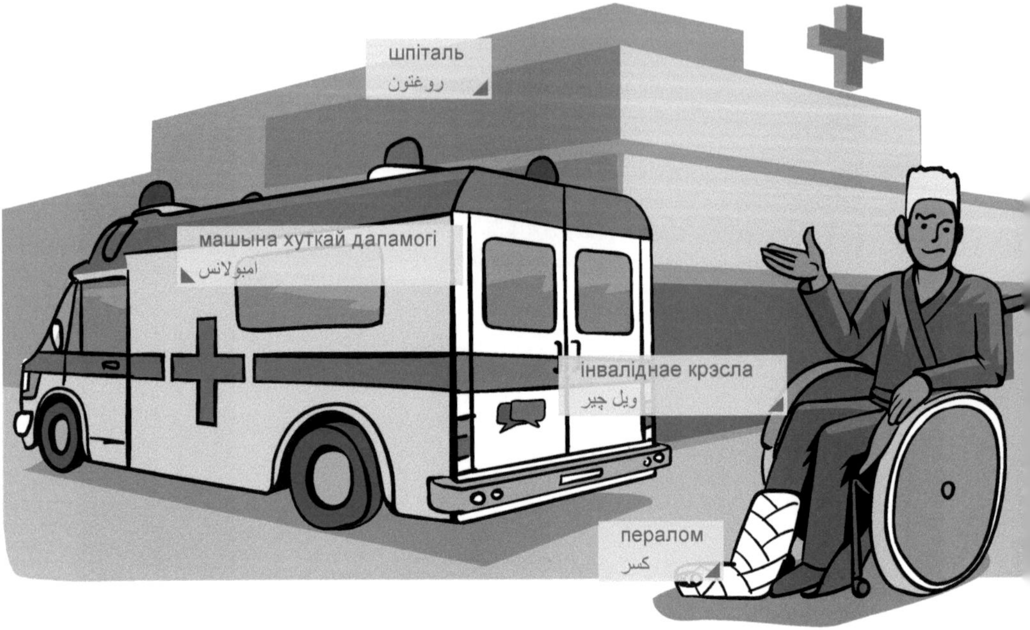

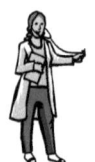

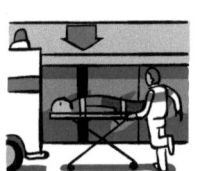

аддзяленне першай дапамогі

عاجل خونه

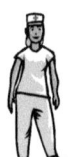

медсястра

رنځورپال

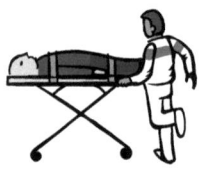

экстраная дапамога

عاجل

непрытомны

بي هوش

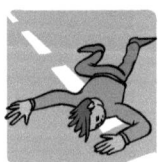

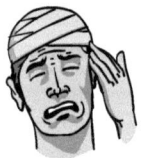

боль

درد

траўма

تپت

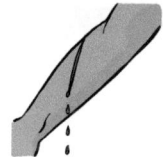

крывацёк

وينه تويدل

інфаркт

د زره حمله

апаплексія

برد!

алергія

حساسيت

кашаль

توخى

гарачка

تبه

грып

انفلوينزا

панос

نس ناستى

галаўны боль

سر درد

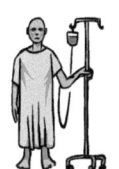

рак

سرطان

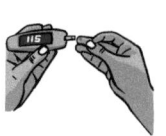

дыябет

شكر

хірург

جراح

скальпель

سكالپل

аперацыя

عمليات

КТ

سيرېټي

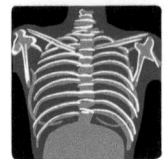

рэнтген

ايكس رى

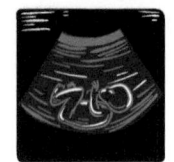

ультрагук

الټراساوند

маска

د مخ ماسک

хвароба

ناروغي

пачакальня

انتظار خونه

мыліца

امسآ

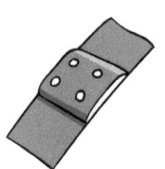

пластыр

پلستر

бінт

بنداژ

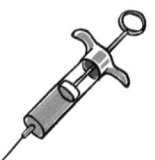

ін'екцыя

تزريق

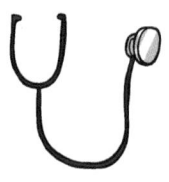

стэтаскоп

ستاتسكوپ

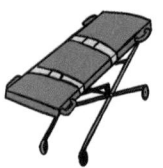

насілкі

تسكيره

градуснік

كلينكي ترماميتر

нараджэнне

زيږدون

лішняя вага

زيات وزن

слухавы апарат

د اوريدو مرسته

дэзінфекцыйны сродак

د عفونيت ځخه پاکونکي مواد

інфекцыя

عفونيت

вірус

ويروس

ВІЧ/СНІД

ايچ.ای.وی/ايدز

лекі

درمل

прышчэпка

واکسين

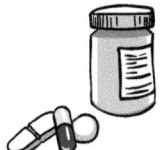

таблеткі

تابليټس

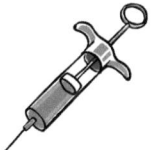

супрацьзачаткавая
таблетка

ګولۍ

экстраны выклік

عاجل ټليفون

танометр

د ويني د فشار ځارونکی

хворы / здаровы

ناروغ/روغ

Ратуйце!

مرسته!

сігналізацыя

الارم

напад

يرغل

атака

بريد

небяспека

خطر

аварыйны выхад

عاجل لاره

Пажар!

اور!

вогнетушыцель

د اور وژونکی

аварыя

پیښه

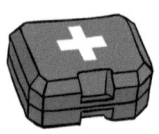

аптэчка

د لومړی مرستي لوازم

СОС

ايس.او.ايس

паліцыя

پوليس

Еўропа

اروپا

Паўночная Амерыка

شمالي امريکا

Паўднёвая Амерыка

سهيلي امريکا

Афрыка

افريقا

Азія

آسيا

Аўстралія

آستَريليا

Атлантычны акіян

اتلانتيک

Ціхі акіян

پاسيفيک

Індыйскі акіян

د هند بحر

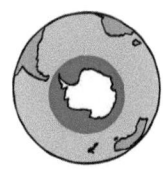

Паўднёвы ледавіты акіян

جنوبي منجمد بحر

Паўночны ледавіты акіян

د شمال قطب بحر

Паўночны полюс

شمالي قطب

Паўднёвы полюс

سهيلي قطب

Антарктыда

انتارکتیکا

Зямля

ځمکه

краіна

ځمکه

мора

بحر

востраў

ټاپو

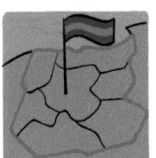

нацыя

ملت

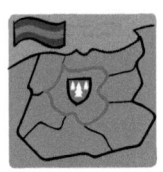

дзяржава

دولت

цыферблат

د مخې ساعت

гадзінная стрэлка

د ساعت ستنه

хвілінная стрэлка

د دقیقې ستنه

секундная стрэлка

د ثانیې ستنه

Колькі часу?

څه وخت دی؟

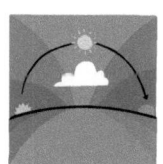

дзень

ورځ

час

وخت

зараз

اوس

электронны гадзіннік

ديجيتل ساعت

хвіліна

دقیقه

гадзіна

ساعت

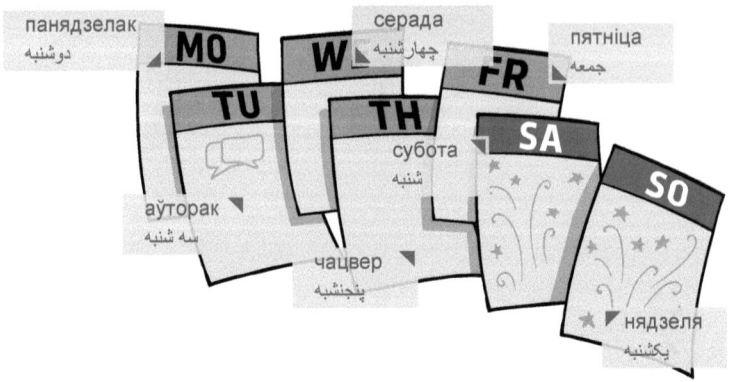

панядзелак
دوشنبه

серада
چهارشنبه

пятніца
جمعه

аўторак
سه شنبه

чацвер
پنجشنبه

субота
شنبه

нядзеля
یکشنبه

ўчора

پرون

сёння

نن

заўтра

سبا

раніца

سهار

абед

غرمه

вечар

ماښام

MO	TU	WE	TH	FR	SA	SU
1	2	3	4	5	6	7
8	9	10	11	12	13	14
15	16	17	18	19	20	21
22	23	24	25	26	27	28
29	30	1	2	3	4	

працоўныя дні

كاري ورځی

MO	TU	WE	TH	FR	SA	SU
1	2	3	4	5	6	7
8	9	10	11	12	13	14
15	16	17	18	19	20	21
22	23	24	25	26	27	28
29	30	31	1	2	3	4

выхадныя

د اونۍ پای

год

کال

дождж
باران
вясёлка
رنګین کمان
снег
واوره
вецер
باد
вясна
پسرلی
восень
مني
лета
اوړی
зіма
ژمی

4.APRIL 11°
5.APRIL 4°
6.APRIL 13°
7.APRIL 8°
8.APRIL 10°

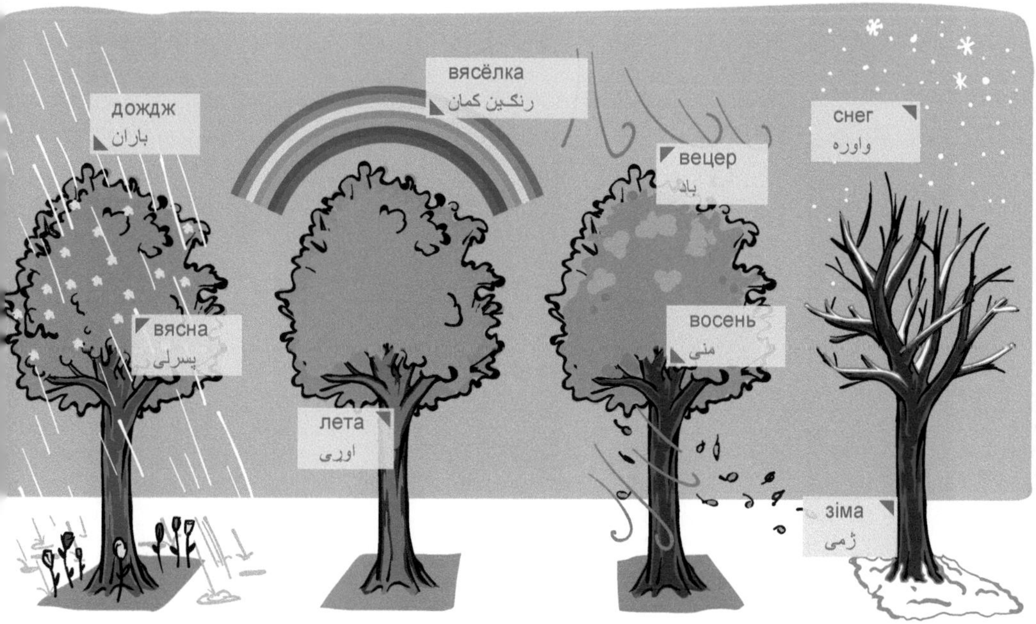

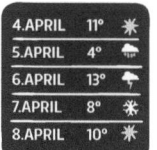

прагноз надвор'я

....

د موسم وړاندوینه

F
C

градуснік

....

ترمومیټر

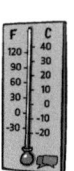

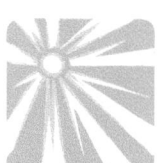

сонечнае святло

....

د لمر وړانګې

воблака

....

وریځ

туман

....

لړه

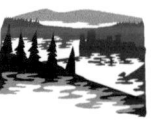

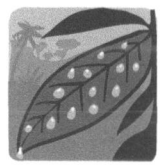

вільготнасць паветра

....

رطوبت

маланка

انرا

гром

تندر

бура

توفان

град

ڑلی وریدل

мусонны вецер

مون سون باران

прыліў

سيلاب

лёд

يخ

студзень

جنوري

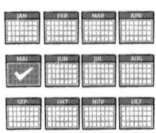

люты

فبروري

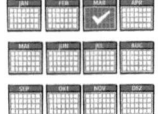

сакавік

مارچ

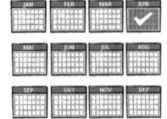

красавік

اپرہل

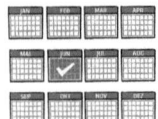

май

مى

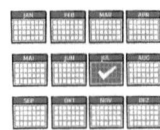

чэрвень

جون

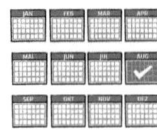

ліпень

جولاى

жнівень

اگست

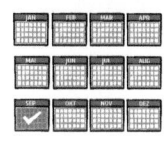

верасень
....
سپتمبر

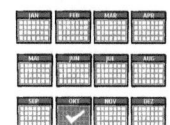

кастрычнік
....
اکتوبر

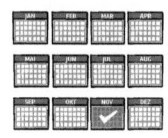

лістапад
....
نومبر

снежань
....
دسمبر

круг
....
دايره

квадрат
....
مربع

прамавугольнік
....
مستطيل

трохвугольнік
....
مثلث

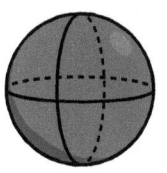

шар
....
توپ

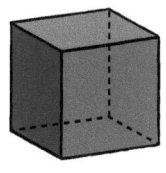

куб
....
فال

белы

سپين

жоўты

ژير

аранжавы

نارنجي

ружовы

گلابي

чырвоны

سور

фіялетавы

ارغواني

сіні

نيلي

зялёны

شين

карычневы

نسواري

шэры

خړ

чорны

تور

шмат / мала

خورا دير/خورا لږ

злы / добры

قار/ارام

прыгожы / брыдкі

ښکلى/بدشکله

пачатак / канец

پیل/پای

высокі / малы

لوى/کوچنى

светлы / цёмны

روښانه/تیاره

сястра / брат

ورور/خور

чысты / брудны

پاک/ککر

поўны / няпоўны

مکمل/نامکمل

дзень / ноч

ورځ/شپه

мёртвы / жывы

مړ/ژوندى

шырокі / вузкі

پراخه/انرى

ядомы / неядомы

د خوراک ور/نه خورل کېدونکی

злы / добры

بد/مهربان

узбуджаны / нудны

پاریدلی/بی خونده

тоўсты / тонкі

چاق/وچ

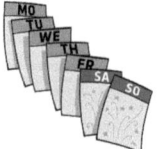

першы / апошні

لومړی/وروستی

сябар / вораг

ملګری/دښمن

поўны / пусты

ډک/تش

цвёрды / мяккі

سخت/نرم

важкі / лёгкі

دروند/سپک

голад / смага

لوږه/تنده

хворы / здаровы

ناروغ/روغ

нелегальны / легальны

غیرقانوني/قانوني

разумны / дурны

هوښیار/ساده

левы / правы

کېن/ښی یی

побач / далёка

نزدې/لرې

супрацьлегласці - متضاد

новы / былы ва ўжыванні
....
نو/اژزور

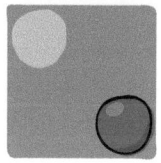

нічога / нешта
....
ھيخ/يوخھ

стары / малады
....
بد/اخوان

укл / выкл
....
چالا/ان/بند

адчынены / зачынены
....
خلاصد/ترلى

ціхі / гучны
....
غليد/لور غن

багаты / бедны
....
بدايھ/غريب

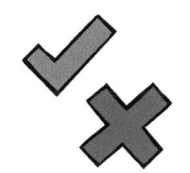

правільна / няправільна
....
صحيد/غلط

шурпаты / гладкі
....
زير/ملايم

сумны / шчаслівы
....
خفھ/خوش

кароткі / доўгі
....
لند/اورد

павольны / хуткі
....
سست/گرندى

вільготны / сухі
....
لوند/اوچ

цёплы / халаднаваты
....
گرم/يخ

вайна / мір
....
جگرھ/سولھ

0	**1**	**2**
нуль	адзін	два
صفر	يو	دوه
3	**4**	**5**
тры	чатыры	пяць
دري	څلور	پنځه
6	**7**	**8**
шэсць	сем	восем
شپږ	اوه	اته
9	**10**	**11**
дзевяць	дзесяць	адзінаццаць
نهه	لس	يولس

12
дванаццаць
دولس

13
трынаццаць
ديارلس

14
чатырнаццаць
غوارلس

15
пятнаццаць
پنځلس

16
шаснаццаць
شپاړس

17
сямнаццаць
وولس

18
васямнаццаць
اتلس

19
дзевятнаццаць
نولس

20
дваццаць
شل

100
сто
سل

1.000
тысяча
زر

1.000.000
мільён
ميليون

англійская

انكليسي

англійская (Амерыка)

امريكايى انكليسي

кітайская мандарынская

چينايى مندرين

хіндзі

هندي

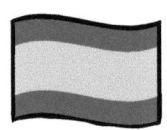

іспанская

هسپانوي

французская

فرانسوي

арабская

عربي

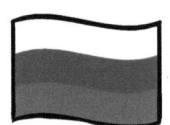

руская

روسي

партугальская

پرتكالي

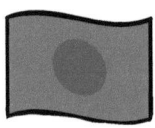

бенгальская

بنكالي

нямецкая

آلماني

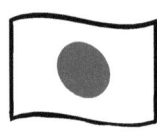

японская

جاپاني

я

زه

ты

ته

ён / яна / яно

هغه/دغه/دا

мы

موږ

вы

تاسي

яны

دوي/هغوى

хто?

څوک؟

што?

څه؟

як?

څنګه؟

дзе?

چيري؟

калі?

کله؟

імя

نوم

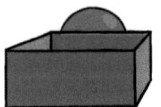

за

شاته

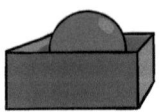

у

پﻪ

перад

پﻪ مخﻪ کي

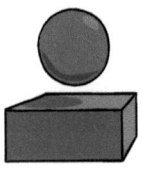

над

باندي

на

پﻪ

пад

لاندي

каля

برسيره پر

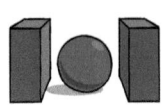

паміж

ترمينځ

месца

ځای